Poesie der Fröhlichkeit

Impulse für Eltern und Kinder

Hans-Jürgen Sträter

Impressum: **Poesie der Fröhlichkeit**

Impulse für Eltern und Kinder

von Hans-Jürgen Sträter © 2022

Illustrationen: Ingeborg Burghard

Coverbild: von Christoph Sträter, als er bei
http://cenitecuador.org/ tätig war

Herstellung und Verlag: BoD – Books on Demand,

Norderstedt

ISBN: 9783755776086

„Und sie fingen an, fröhlich zu sein."

(aus Lukas 15, 25 - Gleichnis vom verlorenen Sohn)

„Seid allezeit fröhlich,

betet ohne Unterlass,

seid dankbar in allen Dingen;

denn das ist der Wille Gottes

in Christus Jesus an euch. "

1. Thessalonicher 5, 16. – 18.

Inhalt Seite

5

„Lasst die Kinder zu mir kommen

und wehret ihnen nicht; denn solchen

gehört das Reich Gottes.

Wahrlich, ich sage euch: Wer das Reich

Gottes nicht empfängt wie ein Kind,

der wird nicht hineinkommen."

Markus 10, aus 14. und 15.

Vorwort

Kinder sind Engel der Fröhlichkeit, ihre Botschaft ist leicht ansteckend. Sie sind noch „halb im Himmel".

Und wenn wir auch so fröhlich sein können, wie sie, dann sind wir ebenfalls auf dem Weg dorthin. Fröhlichkeit ist Freude, die sich anderen mitteilt. Durch ein Lachen oder strahlendes Gesicht, durch Musik und Gesang und vielen, vielen anderen schönen Dingen.

Aber heute sind Millionen Kinder lange nicht mehr „halb im Himmel", sondern „ganz in der Hölle"! Diese Kinder haben Hunger nach Liebe und Brot, sie werden versklavt und vergewaltigt, ja sogar in den Krieg geschickt - mit mörderischen Waffen, die Leib und Seele zerstören.

Beispiele wunderbarer Menschen zeigen uns durch ihr Leben, wie sie mutig dazu beigetragen haben, Kinder fröhlich zu machen.

Unser Buch möchte die Freude an und mit Kindern, jedoch auch unser aller Verantwortung, bewusst machen.

Lassen wir uns auch heute die Frage eines Dichters stellen:

„Kannst ein Lächeln du erneu'n,

*nur ein Kinderherz erfreun?"**

Hans-Jürgen Sträter

---

* Das vollständige Lied finden Sie im Anhang

„Sind das nicht Königskinder,

die durch der Elternliebe Glanz gekrönt

und die vom ersten Tag daran gewöhnt,

dass Fröhlichkeit das Leben macht gelinder?!"

„Ich habe euch immer gesagt,

ihr müsst die Menschen fröhlich machen.“

Elisabeth von Thüringen

Elisabeth wurde 1207 in dem heutigen Ungarn geboren.

Als sie zwanzig Jahre alt war, mit zwei kleinen Kindern und jung verwitwet, hat sie dennoch nicht verzagt. Im Gegenteil, Elisabeth baute für die Ärmsten und für die Kranken ein Armen - und Krankenhaus.

Ganzheitliche Fürsorge verstand Elisabeth so: Nicht nur gleiches Essen und gleiche Medizin für alle, sondern die Räume waren so gestaltet, dass jeder Kranke die Gottesdienste, Gesänge und Gebete miterleben konnte und zu den Sakramenten freien Zugang hatte. So gab sie schon im 13. Jahrhundert ein Beispiel, das für die nachkommenden Jahrhunderte bis in die Gegenwart Maßstab für eine christliche Betreuung von Leib und Seele bei Kranken und auf Hilfe angewiesenen Menschen wurde.

Die Kraft zu dieser Hingabe hatte sie aus ihrem Glauben und dem Vorbild Jesus Christus geschöpft:

„Du sollst Gott, deinen Herrn, lieben

von ganzem Herzen, von ganzer Seele

und mit allen deinen Kräften.

Und deinen Nächsten wie dich selbst.“

Lukas 10, 12.

9

„Lasst die Herzen immer fröhlich

und mit Dank erfüllet sein,

denn der Vater in dem Himmel

nennt uns seine Kinderlein.

Immer fröhlich, immer fröhlich,

alle Tage Sonnenschein.

Voller Schönheit ist der Weg des Lebens,

fröhlich lasst uns immer sein!"

J. A. Reitz, (1838 – 1904)

„Lasst Euch doch zu Eltern krönen,

mit den Töchtern und den Söhnen,

gründet ein Familienreich –

macht's den Freudenfürsten gleich!"

„Wenn du in Kinderaugen schaust,

klares Vertrauen dir entgegen braust.

Als ob ein Paradies dich sähe –

spürst du die Nähe?!"

„Der ewig reiche Gott

woll uns in unserm Leben

ein immer fröhlich Herz

und seinen Frieden geben

und uns in seiner Gnad'

erhalten fort und fort

und uns aus aller Not

erlösen hier und dort"

Martin Rinckart, (1586 – 1649)

„Es ist doch nicht das Geld,

was unser Land erhält.

Es ist, dass Männer, Frauen,

fröhlich dem Leben trauen

und mit Mut Zukunft bauen –

in Kinderaugen schauen!"

„Lachen, Schauen und Vertrauen,

fröhlich sie auf Zukunft bauen,

Kinder sind so, sind ein Gut,

machen mit – und machen Mut!"

1. Sollt ich meinem Gott nicht singen, Sollt ich ihm nicht fröhlich sein?

Denn ich seh in allen Dingen,

Wie so gut er's mit mir mein.

Ist doch nichts als lauter Lieben,

Das sein treues Herze regt,

Das ohn Ende hebt und trägt,

Die in seinem Dienst sich finden.

Alles Ding währt seine Zeit,

Gottes Lieb in Ewigkeit.

2. Wie ein Adler sein Gefieder

Über seine Jungen streckt,

Also hat auch hin und wieder

Mich des Höchsten Arm gedeckt,

Alsobald im Mutterleibe,

Da er mir mein Wesen gab

Und das Leben, das ich hab

Und noch diese Stunde treibe.

Alles Ding währt seine Zeit,

Gottes Lieb in Ewigkeit.

3. Sein Sohn ist ihm nicht zu teuer,

Nein, er gibt ihn für mich hin,

Dass er mich vom quälend Feuer*

Durch sein teures Blut gewinn.

O du unergründter Brunnen,

Wie will doch mein schwacher Geist,

Ob er sich gleich hoch befleißt,

Deine Tief ergründen können?

Alles Ding währt seine Zeit,

Gottes Lieb in Ewigkeit.

4. Seinen Geist, den edlen Fühler,

Gibt Er mir in seinem Wort,

Dass Er werde mein Regierer

Durch die Welt zur Himmelspfort,

Dass Er mir mein Herz erfüllen

Mit dem hellen Glaubenslicht,

Das des Todes Reich zerbricht

Und die Hölle selbst macht stille.

Alles Ding währt seine Zeit,

Gottes Lieb in Ewigkeit.

5. Meiner Seele Wohlergehen
Hat Er ja recht wohl bedacht,
Will dem Leben Not zustehen,*
Nimmt Er's gleichfalls wohl in acht.
Wenn mein Können, mein Vermögen
Nichts vermag, nichts helfen kann,
Kommt mein Gott und hebt mir an
Sein Vermögen beizulegen.
Alles Ding währt seine Zeit,
Gottes Lieb in Ewigkeit.

6. Himmel, Erd und ihre Heere
Hat Er mir zum Dienst bestellt:
Wo ich nur mein Aug hinkehre,
Find ich, was mich nährt und hält.
Tier und Kräuter und Getreide
In den Gründen, in der Höh,
In den Büschen, in der See,
Überall ist meine Weide.
Alles Ding währt seine Zeit,
Gottes Lieb in Ewigkeit.

7. Wenn ich schlafe, wacht mein Sorgen

Und ermuntert mein Gemüt,

Dass ich alle liebe Morgen

Schaue neue Lieb und Güt.

Wäre mein Gott nicht gewesen,

Hätte mich sein Angesicht

Nicht geleitet, wär ich nicht

Aus so mancher Angst genesen.

Alles Ding währt seine Zeit,

Gottes Lieb in Ewigkeit.

8. Wie so manche schwere Plage

Wird vom Schlechten ,rumgeführt,*

Die mich doch mein Lebetage

Niemals noch bisher berührt;

Gottes Engel, den Er sendet,

Hat das Böse, was der Feind

Auszurichten ist gemeint,

In der Ferne weggewendet.

Alles Ding währt seine Zeit,

Gottes Ding in Ewigkeit.

9. Wie ein Vater seinem Kinde
Sein Herz niemals ganz entzeucht
Ob es gleich bisweilen Sünde
Tut und aus den Wegen weicht,*
Also hat auch mein Verbrechen
Mir mein frommer Gott geschenkt,*
wenn mein Fehlen ihn gekränkt*
und nicht mit Ausgrenzen rächen.*
Alles Ding währt seine Zeit,
Gottes Lieb in Ewigkeit.

10. Seine deutlichen Hinweise,*
Ob sie mir gleich bitter seind,
Dennoch, auch wenn sie ganz leise,*
Sind es Zeichen, dass mein Freund,
Der mich liebet, mein gedenke,
Und mich von der kalten Welt,*
Die uns hart gefangen hält,
Durch das Kreuze zu ihm lenke.
Alles Ding währt seine Zeit,
Gottes Lieb in Ewigkeit.

11. Das weiß ich fürwahr und lasse

Mir's nicht aus dem Sinne gehn:

Christenkreuz hat seine Maße

Und muss endlich stille stehn;

Wenn der Winter ausgeschneiet

Tritt der schöne Sommer ein;

Also wird auch nach der Pein,

Wer's erwarten kann, erfreut.

Alles Ding währt seine Zeit

Gottes Lieb in Ewigkeit.

12. Weil denn weder Ziel noch Ende

Sich in Gottes Liebe findt,

Deshalb heb ich meine Hände,*

Zu dir, Vater, als dein Kind,*

Bitte, wollst mir Gnade geben,

Dich aus aller meiner Macht

Zu umfangen Tag und Nacht,

Hier in meinem ganzen Leben,

Bis ich dich nach dieser Zeit

Lob und lieb in Ewigkeit.

Paul Gerhardt, (1607 – 1676)

---

* Der Herausgeber hat hier sprachliche Härten, die heute sehr befremden würden entsprechend angepasst. Der Originaltext ist bei Wikipedia zu finden.

Paul Gerhardt wurde vor ca. 400 Jahren geboren.

Er erlebte seine Kindheit und Jugend im 30-jährigen Krieg. Auch später musste er viel Leid hinnehmen; er überlebte vier seiner Kinder und auch seine Gattin.

Wegen seines Glaubens wurde der Pfarrer Paul Gerhardt sogar von seinem Kurfürsten des Amtes enthoben. Dennoch lebte ein großartiger Glaube in seinem Herzen.

Die wunderbaren und zeitlosen Verse machen uns auch heute sehr fröhlich, wenn wir sie hören oder auch singen.

In vielen seiner Lieder ermuntert er zum Singen, getreu der Psalmen, in denen es heißt:

„Singet dem Herrn ein neues Lied!"

„Jünglinge straucheln und fallen.

Aber die auf den Herrn harren, kriegen neue Kraft,

dass sie auffahren mit Flügeln wie Adler,

dass sie laufen und nicht matt werden,

dass sie wandeln und nicht müde werden."

Jesaja 40, aus 30. und 31.

„Wann schenkt Gott uns neue Kraft,

der fröhliche Kinder schafft?

Wenn dem Vater und dem Sohn

wir vertrauen – welch ein Lohn!"

„Wenn dir ein Kindermund

fröhlich macht Wahrheit kund

und stellt so manche Fragen –

du wirst das schon ertragen."

„Wohlauf, mein Herze, sing und spring'

und habe guten Mut!

Dein Gott, der Ursprung aller Ding

ist selbst und bleibt dein Gut."

Paul Gerhardt, (1707 – 1776)

„Die Kinder lernen gerne

was nah ist und was ferne,

lehre ihnen das, was gut,

doch mit Fröhlichkeit und Mut!"

„Architekten des Lebens

schaffen Kindern Raum,

deshalb ist ihr Traum

fröhlich –

jedoch nie vergebens!"

„Kleine Tropfen Wasser,

kleine Körnlein Sand,

machen's große Weltmeer

und das weite Land."

Julia Carney, (1824 – 1908)

„Mein Kind,

für dich ist diese Welt gemacht,

– hab' acht –

bestimmt!"

„*Schenk jedem Menschen ein Lächeln!*"

Mutter Teresa , (1910 – 1997)

Mutter Teresa sagte ihren Mitschwestern zur Fröhlichkeit:

„Meine Kinder, lasst uns Jesus mit ganzem Herzen und ganzer Seele lieben! Lasst uns ihm viele Seelen bringen!

Lächelt! Lächelt Jesus in Eurem Leiden an – denn um eine echte Missionarin der Nächstenliebe zu sein, müsst Ihr fröhliche Opfer sein! Ihr müsst nichts Besonderes tun, nur Jesus erlauben, ein Leben in Euch zu leben, in dem Ihr hinnehmt, was immer er gibt, und gebt, was immer er nimmt, mit einem strahlenden Lächeln! Die Armen brauchen nicht nur Pflege und Zuwendung, sondern auch Freude, die zur Nächstenliebe gehört. Wenn wir den Menschen keine Freude bringen, werden die Armen nie fähig sein, dem Ruf zu folgen und Gott näher kommen. Wir müssen den Armen das Gefühl geben, dass sie geliebt werden, indem wir sie mit Freude lieben. Mit Freude sollen wir Christus in seiner Bettlergestalt begegnen, weil Freude die Frucht der Liebe ist. Ein fröhliches Herz entwickelt sich ganz natürlich aus einem sich in Liebe verzehrenden Herzen. Wir geben am meisten, wenn wir es mit Freude tun. Es ist die Freude des Gebens, die Freude, Liebe in das Leben der Menschen zu bringen, die uns alle erhält."

„O Wunderliebe, die mich wählte

vor allem Anbeginn der Welt,

und mich zu ihren Kindern zählte,

für welche sie das Reich bestellt.

O Vaterhand, o Gnadentrieb,

der mich ins Buch des Lammes schrieb. "

Johann Hermann, (1707 – 1791)

„Kinder werden uns gegeben,

mal gewünscht und mal geschenkt,

aktivieren unser Leben,

fröhlich, als einer denkt. "

„Fröhlich gehen wir durch die Welt,

wenn die große Hand die kleine hält,

wenn man mutig auf die Zukunft zählt

und sehen kann: Mein Kind wird Held."

„Lasst uns fröhlich Lieder singen,

eins im Lieben in dem Herrn!

Nur der Liebe kann's gelingen,

Neid und Hader bleibe fern!"

Samuel Wesley Martin, (1889 - ?))

"Leben

heißt Nehmen und Geben.

Heute auf Gestern das Morgen bauen

und Vertrauen.

An Eltern und an Kinder denken

und geschenkt sich selbst verschenken."

„Unsre Vögel auf den Bäumen

wissen wohl, wovon sie träumen

und zu ihrem Hochzeitsfest

bauen sie ein schönes Nest.

Lasst uns Menschen doch auch trauen

und in Kinderaugen schauen –

seht, fröhlich das Glück einzieht,

Wurzeln schlägt und wächst und blüht!"

„Es kommt die Zeit,

wo wir auf tausend Weisen – o Seligkeit -

dich, unsern Vater, preisen,

von Ewigkeit zu Ewigkeit. "

Georg Gessner, (1765 – 1843)

„Wie bleibt lebendig unsre Zeit

bis in die weite Ewigkeit?

Wenn stets das Gute, was man nimmt,

gibt fröhlich weiter - an ein Kind! "

„In meinen Kinderbücherträumen

fand ich ein weites, grünes Land.

Doch später nahm ich unter seinen Bäumen

die eignen Kinder fröhlich an die Hand."

Astrid Lindgren wurde 1907 geboren.

Als ich 7 Jahre wurde, bekam ich den Ausweis für die Stadtbücherei. Die Bücher der schwedischen Autorin Astrid Lindgren gehörten zu meinen ersten Lese-Erfahrungen.

Viele Bücher der Kinderbuchautorin las ich auch mehrmals, so viel Freude machten mir die fröhlichen Abenteuer.

1989 hatten wir den ersten Urlaub mit unseren beiden Söhnen in Schweden. Durch die Frage: *„Warum ist Kinderhaben so schön?"* sind wir für 3 Wochen nach Älvdalen/Dalarna gekommen.

7 Verse hatte ich beim Deutschen Familienverband eingereicht. Das 3. Gedicht gewann (siehe Seite 13).

In Älvdalen lernten wir Kersti und Lars Göran kennen und eine wunderbare Freundschaft begann. Diese fröhliche Familie hatten 7 Kinder, das passte wunderbar zu den 7 Strophen!

1997 hatten uns unsere Freunde wieder nach Schweden eingeladen und in der Zwischenzeit haben sie uns hier auch schon mehrmals besucht. Unser letztes Treffen in Schweden war übrigens 2019...

„Ein Gärtner geht im Garten

und seht, wie er sich freut,

wenn sich bei seinen zarten

Blümlein ein neues zeigt!"

„Gleich wie die schimmernden Sterne erblassen

strahlet der leuchtende Morgen sie an.

wirst du die Welt und ihr Tagwerk verlassen.

Eines besteht: was du liebend getan!

Eines bestehet, nimmer vergehet,

nimmer vergehet was du liebend getan.

Wirst du die Welt und ihr Tagwerk verlassen,

nimmer vergeht, was du liebend getan.“

Heinrich Bonar, (1808 – 1889)

„Wie herrlich sind doch die Sterne,

wir sehn sie, trotz der Ferne.

Doch Kinderaugen strahlen weiter,

bis tief ins Herz – und machen heiter!“

„Lobe den Herren

der deinen Stand sichtbar gesegnet,

der aus dem Himmel

mit Strömen der Liebe geregnet!

Denke daran,

was der Allmächtige kann,

der dir mit Liebe begegnet. "

Joachim Neander, (1650 – 1680)

„Denk' fröhlich an Kinderzeiten,

deinen Start ins Leben,

und danke den Eltern heute,

die dir dich gegeben.

Denk an deine Möglichkeiten,

schaff auch neues Leben,

dankbar sehen deine Leute

Enkel zu sich streben!"

„Ein neues Licht erblickt die Welt,

Ereignis der Freude, die anhält.

Ist das größte aller Wunder auch erst klein,

lasst uns froh und dankbar sein!"

„*O du treuster Freund, vereine*

deine dir geweihte Schar,

dass sie es so herzlich meine,

wie's dein Wille immer war,

und dass, wie du eins mit ihnen,

also sie auch eins stets sein,

sich in wahrer Liebe dienen

und einander gern erfreun.".

Nikolaus Ludwig Graf von Zinzendorf, (1700 – 1760)

„*Das ist und bleibt die schönste Gabe,*

für jedes Paar, die Kinderhabe.

Ein Leben bleibt nicht gern allein –

will fröhlich sein …"

Einer hat für uns sein Leben

voller Liebe hingegeben.

Um zum Vaterhaus zu leiten

Konnte er den Weg bereiten.

trage Jesum drum im Herzen,

denk auch mal an seine Schmerzen.

Nie vergiss in deinem Leide:

Jesus ist dein Grund zur Freude!

des Erbarmers Gnadengaben

sind auch heute noch zu haben.

Kommt! Und hört den Guten Hirten,

alle möchte er bewirten.

andern sagt es gern mit Singen,

dass wir fröhlich Dank ihm bringen.

Und zusammen lasst uns streben,

Immer mehr in ihm zu leben.

Last gemeinsam dann getragen

bringt uns niemals zum Verzagen.;

denn das ist des Heilands Willen

dass wir sein Gesetz erfüllen.

Birger Forell wurde 1893 in Söderham/Schweden geboren.

Zu seinem 100. Geburtstag brachte die Deutsche Bundespost eine Briefmarke zu seinem Gedächtnis heraus. Die Marke zeigte ein Kreuz und den Text aus Galater 6, 2:

„Einer trage des anderen Last!"

Schon während seines theologischen Studiums wird Forell Sekretär und Mitarbeiter des schwedischen Erzbischofs Nathan Söderblom (Friedensnobelpreisträger).

1929 geht er als Gesandtschaftspfarrer der schwedischen Gemeinde nach Berlin. In der bekennenden Kirche wird Birger Forell im 3. Reich zum Retter und Beschützer.

1943 beruft ihn der Weltkirchenrat zur Betreuung deutscher Kriegsgefangener nach England. Nach dem 2. Weltkrieg gründet er mit Hingabe die Flüchtlingsstadt Espelkamp und hat Tausende durch Nächstenliebe wieder fröhlich gemacht!

„Wenn der HERR die Gefangenen Zions erlösen wird, so werden wir sein wie die Träumenden. Dann wird unser Mund voll Lachens und unsere Zunge voll Rühmens sein. Dann wird man sagen unter den Heiden: Der HERR hat Großes an Ihnen getan! Der HERR hat Großes an uns getan; des sind wir fröhlich!"

Psalm 126

„Ich weiß ein herrlich' Land,

nach dem mein Herz sich sehnt,

an jenem goldnen Strand,

wo ewig Lob ertönt."

Verfasser unbekannt

„Im Königskinderland

Im Königskinderland

reichen wir uns die Hand,

reißen in Mauern Lücken

und bauen daraus Brücken.

Im Königskinderland

sind wir alle verwandt

durch unser aller Vater,

sein Geist heißt: Trost, Berater.

Im Königskinderland

wird nicht gebaut auf Sand.

Dem Felsen wir vertrauen

und Jesus fröhlich schauen. "

„O du fröhliche, o du selige,

gnadenbringende Weihnachtszeit!

Himmlische Heere jauchzen dir Ehre:

Freue, freue dich, o Christenheit!

Heinrich Holzschuher, (1798 – 1847)

Find das Kind!

Find das Kind
Geboren, auserkoren,
in der Krippe einst gelegen
will es alle tief bewegen.

Find das Kind
der dritten Welt, das sich quält!
Fröhlich soll es weiterleben;
deine Hand kann manches geben.

Find das Kind
ohne Kraft der Nachbarschaft!
Du musst immer gut hinhören,
keiner darf es doch zerstören.

Find das Kind

unterm Herz, vermeide Schmerz!

Es möchte gerne bei dir bleiben,

lass es deshalb nicht abtreiben!

Find das Kind,

das in dir, habe Gespür!

Gott sei ewig dir ein Vater

und sein Geist Trost und Berater!"

„Kommt nach Weihnachten

Geborgen in Mariens Schoß,

war es am Anfang arm und bloß

ein Kind nur, doch es wurde groß

und Jesu Liebe grenzenlos.

Da danken gern Herz, Mund und Hände,;

Gott schenkt sich fröhlich – ohne Ende –

O Vater, deinen Sohn bald sende!"

„Denn, HERR, du lässest mich fröhlich singen

von deinen Werken,

und ich rühme die Taten deiner Hände.“

Psalm 92, 5.

„Aller Welt

Alle Wunder dieser Welt

sind vom lieben Gott bestellt.

Macht die Ohren auf und hört,

was sein Schöpferwort uns lehrt.

Alles Licht der ganzen Welt

hat sein Vaterwort erhellt.

Macht die Augen auf und seht,

dass den rechten Weg ihr geht.

Allen Dank aus unsrer Welt

bringen, die sein Geist erwählt.

Macht den Mund bereit und singt,

fröhlich es zum Himmel klingt.

Und das Heil für alle Welt

hat uns Gottes Sohn erstellt.

Macht die Herzen auf und liebt –

immer lebt, wer Liebe gibt!"

„Kinder dieser Welt

haben mir eine Frage gestellt:

Kinder der Reichen sterben für Geld,

der Armen unter dem Sternenzelt –

Sind Kinder das STERBEN unserer Welt?

Kinder dieser Welt

haben dir manche Fragen gestellt:

Sie fallen, weil keine Hand mehr hält,

verschmachten, weil Brot und Liebe fehlt –

Sind Kinder nur SCHERBEN unserer Welt?

Kinder dieser Welt

haben uns viele Fragen gestellt:

Wer hat der Kleinen Tränen gezählt,

die gern sich eine Zukunft erwählt –

Sind Kinder noch ERBEN unserer Welt?“

„Lobe den HERRN, meine Seele,

und was in mir ist, seinen heiligen Namen!

Lobe den HERRN, meine Seele

und vergiss nicht, was er dir Gutes getan hat:

der dir alle deine Sünde vergibt

und heilet alle deine Gebrechen,

der dein Leben vom Verderben erlöst,

der dich krönet mit Gnade und Barmherzigkeit,

der deinen Mund fröhlich macht,

und du wieder jung wirst wie ein Adler.“

Psalm 103, 1 – 5.

Nachwort

Sind Kinder eigentlich noch aktuell? Heute werden Bücher Bestseller, die sagen, dass man keine Kinder haben sollte.

Und das Wort „fröhlich"? Viele Menschen hören das Lied „O du fröhliche" nur noch kurz vor Weihnachten, damit sie dadurch einen „fröhlichen Kaufrausch" bekommen.

Wer erkennen kann, dass Kinder eine Gabe Gottes sind, der wird dem großen „Fröhlichmacher" danken wollen. (siehe Psalm 103: „der deinen Mund fröhlich macht")

Mögen die alten und neuen, bekannten und unbekannten Texte und Verse dem Leser viel Freude bereiten.

Ein Bild sagt mehr als tausend Worte, deshalb bin ich auch Frau Ingeborg Burghard sehr dankbar, dass sie dies mit Ihren Bildern ergänzt haben.

Es hat mir dazu Freude gemacht, einige Persönlichkeiten vorzustellen, die aus ihrem großartigen Glauben die Kraft geschöpft haben, Menschen fröhlich zu machen.

Sie haben nun Verse der Fröhlichkeit" gelesen, „singen" sie doch einfach mit!

Der Herausgeber

„Leuchtfarbenfröhlich

Durch die Stille unendlichen Raumes

glüht einsam die goldene Sonne.

Der blaue Planet umkreist sie liebevoll

in Millionen Jahren und Herzen.

Wunderweise weben wir weiter,

denn fröhlich

leuchten uns die Farben

der Edelsteine und Sterne."

„Das Licht der Gerechten brennt fröhlich ..."

aus Sprüche Salomos 13, 9.

„Das Hohelied vom Licht

Ich liebe, Herr, dein Licht, sein Wesen, still und schlicht,

es ist so schön und klar, wohlwarm und immer wahr.

Ich liebe Herr dein Licht, das Dunkel mag ich nicht,

selbst in der tiefsten Nacht hilfst du mir auf der Wacht.

Ich liebe Herr dein Licht und fürchte kein Gericht,

geh gern auf Gottes Pfad, lebe von seiner Gnad'.

Ich liebe, Herr, dein Licht und wenn mein Auge bricht,

seh' ich die Herrlichkeit bei dir in ew'ger Freud."

„Dein Wort ist meines Fußes Leuchte

und ein Licht auf meinem Wege."

Psalm 119, 105

Anhang

*Manches Herz will fast ermüden**

Manches Herz will fast ermüden,
denn die Tage eilen hin;
manche Seele seufzt nach Frieden,
denn die Tage eilen hin.
Kannst ein Lächeln du erneun,
nur ein Kinderherz erfreun;
halt nichts Gutes für zu klein;
denn die Tage eilen hin.

Refrain: Eilen hin, eilen hin,
eilen hin, eilen hin.
Wie viel Gutes kannst du tun!
Sich, die Tage eilen hin.

Lass das Trauern, lass das Zagen,
denn die Tage eilen hin;
Großes gilt's für Gott zu wagen,
denn die Tage eilen hin.
Voll von Unrecht ist die Welt,
tritt nur vor als Gottes Held;
rette, wo ein Bruder fällt,
denn die Tage eilen hin

Wenn die Liebe Kränze windet,
denk: die Tage eilen hin!
Lohn es ihr, eh sie verschwindet,
denn die Tage eilen hin.
Lass das Herz voll Liebe sein,
lass die Hände Segen streun,
mach die Welt voll Sonnenschein,
denn die Tage eilen hin.

---

* **Manches Herz will fast ermüden** ist ein baptistisches Kirchenlied von Walter Rauschenbusch. Melodie: Ira David Sankey. (Kirchenlieder Wiki)